¿CÓMO ESCAPAR DE UN BUCLE TEMPORAL?

¿CÓMO ESCAPAR DE UN BUCLE TEMPORAL?

Anna Goretti Montalvo Guajardo

Valparaíso
EDICIONES

VALPARAÍSO POESÍA

Diseño de colección: Chari Nogales
www.charinogales.com @chari_nogales
Maquetación: Carlos Henson

Primera edición: diciembre de 2025

© De los poemas: Anna Goretti Montalvo Guajardo
© Imagen de portada: Lu Saucedo

© Valparaíso Ediciones
 C/ Fray Leopoldo, 7 bajo, 18014 Granada
www.valparaisoediciones.es

ISBN: 979-13-88007-17-0
Depósito Legal: GR 1714-2025

Impreso en España - Printed in Spain
Gráficas Gami

¿CÓMO ESCAPAR DE UN BUCLE TEMPORAL?

PREÁMBULO

Querido lector, me temo que esto no es para ti. Ni siquiera tiene la forma de un poema. Es simplemente una última carta, una última jugada, que solo la persona que inspiró todas estas palabras podría entender. Te prometo que, a partir de las siguientes páginas, es más probable que encuentres algo con lo que relacionarte, pero por ahora, déjame hablar con él.

Amor mío, conejo triste, rey del planeta del egocentrismo,

Hoy el poemario está casi listo y aún no decidí si seré yo la que te entregue tu copia o si dejaré que las casualidades de la vida lo lleven a tus manos, pero antes de que te adentres en él quiero contarte cómo es que nació.

Se suponía que aquello que recibiste en tu casa sería la última de mis jugadas. Que jugaría con las reglas de siempre y dejaría que fueras tú quien pusiera la última ficha. Pero las palabras son mías, la versión de que te amo es mía, y no puedo permitir que se quede contigo. Aunque hace unos meses, te rogué que te la quedaras.

No sé en qué momento exacto dejé de confiar en que tú serías el último guardián de mis palabras, pero sé que ahora es distinto. Estas líneas que estás por leer no nacieron de un deseo de atarte a mí, ni de una necesidad de revivir lo que fuimos, en realidad nos estoy soltando al mundo, estoy rompiendo con mi frase favorita de esa canción que tanto creí que nos representaba (la canción número 1), y estoy jugando un último movimiento rompiendo ese bucle en el que nos encerré, porque si le pertenece a todos los que encuentren este libro, si alguien más se siente identificado con cualquier cosa, entonces no éramos tan especiales.

Las palabras, esas que ahora forman este poemario, son la huella de lo que fuiste y lo que ya no eres. Son lo que quedó de aquella que se enamoró de ti, de aquella que creyó que podías quedarte. Y ahora son, también, lo que queda de quien, sin esperarlo, decidió que era hora de soltar.

Y aquí viene la parte en la que te dejo el último movimiento. Aquella playlist que nunca reclamaste sigue activa, guardada, esperando el momento en que decidas reclamarla. Sabes cuál es, la misma que te dije que podías pedir en cualquier momento, sin reservas. Esa misma playlist que me acompañó en todo el proceso de crear esto, la que tiene las canciones que tal vez esconden los nuevos pasos para que otras versiones de nosotros se encuentren en otro momento.

Solo toma en cuenta que he dejado de esconderme de mí, que he regresado el tiempo al reloj, y que ahora mismo, no estoy precisamente esperándote. Ya no.

Ahora, querido lector, si has leído esto y te has quedado con las ganas de saber más sobre aquel a quien le escribí todo este montón de pendejadas, solo puedo contarte un par de cosas. Los poemas que aquí encontrarás son casi todo lo que escribí sobre él, durante el momento fugaz en que pasó por mi vida y los seis años que lo precedieron. Y si se leen en orden, casi pueden contar una versión de la historia, esa historia que no tiene un 'y fueron felices para siempre', pero que, en sus momentos, sí fue lo suficientemente real para mí como para escribirla.

Así que adéntrate en mi bucle temporal y trata de descifrar cómo logré romperlo.

Como preámbulo te dejo esto, que escribí hoy y que narra nuestro primer encuentro.

La primera vez que hablamos,
apareció en mi puerta
con un six de cervezas Miller,
y, por un instante,
mi existencia al completo se detuvo.

Él no debía estar ahí.
Yo no debía mirarlo.

Pero, ¿a quién engaño?
Él era el jodido sol,
y yo,
un planeta atrapado en su magnetismo.

Pero el magnetismo es una trampa,
y ese tono de voz tímido,
que nunca volví a oírle,
no era más que la carnada.

Quizás yo fui la que apareció en su puerta.
Quizás él siempre estuvo ahí,
esperando que me rindiera a la órbita.

Porque yo caí,
como caen todos los cuerpos celestes
cuando el destino los llama por su nombre.

Y qué absurdo pensar
que podría desafiar la gravedad,
que un planeta puede elegir su trayectoria
cuando el sol ya ha decidido brillar.

Ahora sí, comencemos.

Para todos esos corazones que prefirieron esconder aquello que amaban en un espacio sin tiempo, con tal de conservarlo intacto.

NUESTRO TIEMPO

Los relojes aquí no tienen arena.
Solo el viento que quedó con tu partida.

Los relojes aquí no tienen arena.
Solo el agua evaporada de mis lágrimas.

Los relojes aquí no tienen arena.
Solo los fantasmas de los sueños que creamos juntos.

Los relojes aquí no tienen arena.
Solo las palabras que nunca fueron dichas.

Los relojes aquí no tienen arena.
Pero cómo me persiguen.

Recuerdo el momento exacto en que supe que iba a romperme el corazón.
También recuerdo cómo le di el arma para que lo hiciera.

SU ENCANTO

Él llegó a mi vida
en el momento en que menos lo necesitaba.

Lo miré a lo lejos y me pareció perfecto,
pero no fue hasta que me vi atrapada
en medio de toda su existencia
que me enamoré de él.

Me enamoré de la risa
que se le escapaba por las cosas más tontas,
de la voz rasposa
que le salía cuando tenía sueño,
de la máscara de egocentrismo
que le gustaba ponerse ante la gente,
y de su miedo profundo
a que nadie viera su interior.

Me enamoré de su forma
de disfrutar la vida,
de su control absoluto sobre su rutina,
de su manera de fluir contra la corriente,
de su independencia inquebrantable.

Él era precioso,
pero no por esos ojos,
ni por sus facciones perfectas
que gritaban:
"Soy la maldita portada de una revista."

No.

Era precioso por el carisma
que lo acompañaba a todas partes,
por la valentía con la que enfrentaba el mundo,
por esa sonrisa que desafiaba las tempestades,
por su inercia a seguir moviéndose
cuando todo lo demás se detenía.

Él era caos y orden,
tormenta y refugio,
abismo y salvación.

Y yo,
sin darme cuenta,
me lancé de cabeza a su universo,
sin pensar si habría alguien,
del otro lado, esperándome.

SOMOS AMIGOS

¿Cómo te nombro amigo,
si tu presencia
roba toda mi atención?

¿Cómo te nombro amigo,
si hasta él
sabe de tu nombre?

¿Cómo te nombro amigo,
si en cuanto hablas,
mi pecho te responde
como un eco
de todo lo que no debería sentir?

Me sonríes,
y el mundo entero
pierde el equilibrio.

Me miras,
y mis certezas se desmoronan.

Me nombras,
y mi mundo se incendia.

¿Cómo te nombro amigo?
Si con cada latido
te llamo de otra forma.

DEJA QUE ME MIENTA

No me dejes sentir esto.
No me mires como si te gustara.
Ni me acompañes mientras estoy esperando.

Por favor, no te rías de esa forma.
Ni hagas que el tiempo contigo
parezca más real
que los momentos que paso con él.
No sigas diciendo esas cosas,
y para ya de buscar el color en mis mejillas.
No hagas de tu voz
el eco de todo lo que no debería anhelar.
No me mires.
No me hables.
Por favor, no me hagas dudar.

Porque si me miras así,
terminaré mirándote igual.
Porque si me hablas,
te escucharé más de lo debido.
Porque si me esperas,
entonces querré esperar más.

Porque si sigues haciéndome reír,
voy a olvidar por qué no debería hacerlo contigo.

Porque intento mentirme,
pero tú haces que sea tan difícil.
Porque trato de no sentirlo,
pero lo estás haciendo imposible.

EL PAÍS DE LAS MARAVILLAS

Hoy encontré el camino
al país de las maravillas,
y lo hice sin necesidad
de perseguir a un conejo blanco.

Al parecer, bastaba con ponerle a la vida
un poco de tus besos,
de tu voz,
de tu risa que dibuja universos,
de la luz que llevas en los ojos,
de tus ideas y maneras.

Descubrí que la magia
no estaba en madrigueras ocultas,
sino en la forma en que me miras,
en el hechizo sutil de tu presencia,
en el vértigo dulce de coexistir.

LA FELICIDAD ES EFÍMERA

Me da miedo mirarte,
porque ser feliz da miedo.

Me da miedo mirarme,
porque mi esencia completa sale a relucir
cuando tú estás alrededor.

Me da miedo cuidar de mí misma,
cuando el motivo es querer estar bien para ti.

Me da miedo encontrar la felicidad,
por no saber cómo cuidarla.

Me dijeron un millón de veces
que no debía llamar felicidad
a nadie que no fuera yo,
que debía aprender a ser suficiente
sin esperar que otro me completara,
pero, ¿qué pasa cuando la felicidad
se disfraza de alguien más,
y todo lo que quiero
es ser mi mejor versión
para ti?

¿Qué pasa cuando el reflejo en tus ojos
es el lugar donde me reconozco?
Cuando cada mirada tuya
se convierte en el espejo
en el que me encuentro,
y me pierdo.

Es como si al mirarte,
me viera por primera vez,
como si tu presencia
sacudiera la tierra de mis cimientos
y me diera el valor
de mostrarme tal cual soy.

Pero ¿cómo no temer
cuando quiero ser todo lo que quieras,
sin dejar de ser yo misma?
¿Cómo equilibrar este juego
entre lo que deseo ser para ti
y lo que soy,
sin perderme en el camino?

¿Cómo me recuerdo que todo es efímero,
que incluso este amor,
que ahora parece eterno,
puede desvanecerse?

¿Cómo acepto que llegaste
y que mañana podrías irte?

¿Cómo te muestro mi felicidad
sin que se convierta en un
sinónimo únicamente de tu nombre?

MI MAYOR TEMOR

Me asusta la forma en que mis ojos no pueden dejar de buscarte,
como si tu ausencia fuera un vacío que no puedo llenar.

Me asusta la forma en que mis manos te reclaman sin razón,
como si nunca fuera suficiente,
como si siempre te necesitaran un poco más.

Me asusta que me asustes,
me asusta sentirme tan expuesta,
tan vulnerable,
como si la verdad estuviera a punto de desbordarme.

Me asusta todo,
y, sin embargo, me sumerjo,
porque qué placer tan profundo
es perderme en ese poema que baila entre tus labios.

PERDIDA

Me perdí,
me perdí en ese par de miradas,
tan mortales,
tan risueñas,
tan perfectas,
que sentí como si el mundo entero desapareciera
a su alrededor.

Me perdí entre la vida y sus ilusiones,
entre lo real y lo que soñamos ser,
en el juego de luces y sombras que tejimos juntos,
sin saber si realmente existíamos
o solo éramos una fantasía creada.

Me perdí siguiendo ese camino amarillo,
sin importarme a dónde llevara,
sin preguntas, solo sintiendo
que cada paso nos acercaba más,
y de repente,
ya no hubo más.

El tiempo se detuvo,
y en ese silencio,
me declaré tuya,
a gritos abiertos,
a miradas sinceras.

El mundo siguió girando,
pero yo ya no estaba en él,
estaba en ese espacio,
en ese momento nuestro,
donde lo único que importaba
era la verdad que se reflejaba
en nuestros ojos.

ADICTA

No sé cómo explicarte
lo mucho que me importas,
ni encontrar las palabras
que describan cuánto te admiro.

No sé cómo quererte en silencio,
ni como contener esta tormenta
que me provoca tu sonrisa.

Me he vuelto adicta a tu existencia,
una sed insaciable
que busca replicarte
en cada persona,
en cada paisaje,
en cada maldito poema.

Y no me explico esta fuerza suprema
que me regala tu sonrisa.

Y es que, ¡maldita sea!,
preferiría mil veces arder en el infierno
a tener que dejar de sentir
tus labios rozando mi piel,
ese fuego dulce

que me consume y revive,
que me arrasa y construye
en cada beso que me regalas.

QUIÉREME

Quiéreme,
pero no en silencio,
porque siempre me han dado miedo
todas esas historias de amor que se quedan en la almohada.

Quiéreme a gritos,
que todos lo oigan,
y que el eco de este amor resuene para siempre,
hasta que atraviese el tiempo.

Quiéreme cuando no salga la luna,
cuando las sombras se alarguen
y no me encuentre ni en el más cálido de los abrazos.

Quiéreme en mis días grises,
cuando las palabras se queden atrapadas en mi garganta
y las lágrimas no dejen de caer.

Quiéreme cuando no tenga respuestas,
cuando mis dudas se conviertan en muros altos,
y no sepa si el amor que te doy es suficiente.

Quiéreme cuando el reloj
y la monotonía nos manden la factura.

Quiéreme cuando el amor
se convierta en un acto de valentía.

Quiéreme hasta que quererme
ya no sea lo que encaje contigo,
hasta que el último de nuestros recuerdos se esfume,
hasta que la verdad y la mentira bailen al mismo ritmo,
hasta que no queden más promesas que romper.

Porque yo voy a hacer lo mismo,
te lo prometo.
Voy a quererte sin reservas,
sin miedo, sin dudas,
voy a hacer que cada palabra mía sea una declaración.

Y si un día ya no somos los mismos,
me aseguraré de que nuestros recuerdos
se vuelvan un eco en el tiempo,
de un amor que se vivió sin temor,
de un amor que fue más grande que las sombras
y más intenso que el silencio.

Vi todo lo que éramos caerse antes de siquiera empezar.

EL CAMINO AMARILLO

Si lo nuestro era un camino,
estaba lleno de curvas,
de subidas y bajadas,
un sendero incierto,
con tu mano posada en mis caderas,
guiándonos en una línea recta
con destino inevitable.

Si lo nuestro era un camino,
el camino se bifurcó
en cada paso que dimos,
en cada decisión,
en cada mirada.

Si lo nuestro era un camino,
fue diseñado por un borracho,
y seguido por dos ciegos,
sin ver las señales,
ni entender el rumbo,
perdiéndonos en los giros,
hasta que ya no había camino,
solo un abismo que nos miraba
como si ya supiera
que igual no íbamos a detenernos.

LA ÚLTIMA GOTA

Fuimos esa gota
que rompió el vaso que ya estaba lleno
cuando nos encontramos por primera vez.
Nos aferramos el uno al otro,
sin pensar que el peso de lo nuestro
sería demasiado para sostenerlo.
Nos enamoramos sin reservas,
sin precauciones,
sin importar que nuestros cimientos
fueran un vaso roto que pertenecía a alguien más.
Éramos intensos,
primitivos,
tan obsesionados con sentirlo todo
que olvidamos preguntarnos
si teníamos dónde contenerlo.
Y cuando el agua comenzó a correr,
cuando todo quedó esparcido en el suelo,
la verdad se hizo inevitable:
no teníamos nuestro propio vaso,
no teníamos un amor que nos sostuviera,
solo el vértigo de lo que habíamos sido.
Nos enamoramos, sí.
Pero en el proceso,
nos rompimos.

MALDITO CUPIDO

Nuestra historia fue escrita
por un Cupido alcoholizado,
que, entre el éxtasis de su siguiente trago,
se olvidó del dolor de cabeza
que siempre sigue a la resaca.
Maldito Cupido,
que nos dio lo que no pedimos,
que nos unió solo para enseñarnos
que el amor, cuando es impulsado
por el caos y la confusión,
nunca es eterno.

COMO MARY POPPINS

Llegó volando los primeros días de enero,
y para cuando abril asomó en el calendario,
se fue de la misma forma,
como Mary Poppins,
con un paraguas en la mano.
La diferencia es que, en la otra,
en lugar de un bolso mágico,
llevaba mi corazón,
que, sin querer,
se había enredado entre sus dedos.

SIN RUMBO

El quererte
fue como conducir en medio de la noche,
tan jodidamente aterrador
como emocionante.
Era pisar el acelerador
y avanzar,
y avanzar,
y avanzar...
Para después frenar de golpe.
Perdida,
asustada,
sin saber a dónde iba,
con el corazón
latiendo,
desangrándose,
muriendo.

NUESTRO AMOR

Nuestro amor duró tan solo 104 lunas.
Llegaste un sábado en la noche con una caja de cerveza
y un montón de sueños locos para compartir,
y te fuiste un domingo con la maleta a medio hacer
y un "quizá" atorado en nuestras gargantas.

EL PESO DEL ADIÓS

Duele
Duele el alma,
duele el cuerpo,
duelen los labios,
y duele la vida.
Te dije adiós con una mano en la puerta,
y otra en el pecho.
No soy quien era ayer.
Nuestros recuerdos ahora pesan toneladas.
Y te vas como aquellos que no quieren,
con los ojos hechos trizas y las piernas temblorosas.
Te vas como aquellos a quienes no dejan irse,
sujetando fuerte la maleta,
sin voltear atrás.

¿DÓNDE ESTÁS?

Respirar se está volviendo más difícil,
ya no hay lágrimas,
ya no hay gritos,
solo este profundo dolor
que palpita,
que mata,
que se cuela en mis entrañas y no me permite respirar,
ni dormir, ni comer, ni nada.
El suelo se mueve, el aire se acaba,
y por alguna razón sigo de pie.
No tiene sentido.
Nosotros no tenemos sentido,
nada lo tiene.
Quiero llamarte a gritos,
quiero sentirte de nuevo,
pero no hay nada,
y el aire me falta.

DESPUÉS DEL CHOQUE

Estoy parada en medio de un bosque en llamas,
que me asfixia con cada paso que doy.
Llevo en el bolsillo,
un puñado de poemas,
tu reloj, ese que no da la hora,
y esa última carta que me escribiste.
Hay humo en todos lados,
y respirarlo quema
de una manera tan extraña como dolorosa.
Te dejé en la orilla,
lejos del fuego,
y corrí de regreso a salvar nuestro recuerdo.

Pero aquí no hay donde correr,
no puedo dejar de respirar este aire,
mi cuerpo entero grita por auxilio,
en un grito mudo que no consigue ayuda,
porque te saqué del fuego.
Porque te puse a salvo,
porque me alejé para que no quisieras volver a encontrarme.

No hay vuelta atrás,
no hay camino despejado,
y caigo de rodillas al suelo.

¿Cómo se supone que sobreviviré a esto?

¿Vas a venir a salvarme cuando sea la hora?

¿O el peso de lo que he hecho para salvarte nos separará por
siempre?

No hay vuelta atrás,
lo rompí todo,
y tú no estás.
¿Cómo se supone que sobreviviré a esto?

¿Vas a venir a salvarme cuando sea la hora?

¿O el peso de lo que he hecho para salvarte nos separará por
siempre?

Estoy atrapada en este fuego,
que consume mis pensamientos,
que arrastra mis decisiones
como si cada paso que di fuera una condena.

¿Pero cómo va a ser una condena si tú puedes ser feliz?

¿Nuestro amor podrá con esto?

¿O el precio de haberte dejado ir
nos separará por siempre,
de una forma que ni el tiempo ni el fuego pueden sanar?

LA FALSEDAD DETRÁS DE LA MUERTE

Desde siempre hemos proclamado a la muerte
como nuestro peor enemigo,
sin darnos cuenta de que lo que realmente duele
es ser los que se quedan.

Porque nos quedamos estancados,
en el mismo lugar,
repetimos una y otra vez
las mismas palabras que no pudimos decir,
como si de alguna forma
la repetición pudiera traer de vuelta lo perdido.

La muerte no es nuestro enemigo.

La muerte es inmediata,
es el silencio que sigue al último latido,
la quietud tras la última llamada,
la certeza de saber cuál fue la última palabra que
    pronunciamos
y el precipicio que acaba con el ruido,
que acaba con todo.

Pero estamos todos equivocados
el verdadero enemigo,
es quedarse.

Quedarse con el dolor que no se va,
con la ausencia que se siente en cada rincón,
con el adiós que nunca es adecuado,
con los "te quiero" que ya no se dicen
y con el peso de los minutos que desperdiciamos
cuando el otro aún estaba aquí.

Yo no morí el día que dijimos adiós,
tampoco morí cuando decidí matar lo nuestro.

Pero lo que me duele,
duele más de lo que te va a doler nunca,
porque yo me quede con todo:
con lo que no dije,
con lo que pude haberte querido,
con todos los "hubieras"
y todos los "éramos".
Con el peso de saber que no volverías
y que yo me quedaría.

UN PACTO CON EL SEÑOR DEL TIEMPO

El reloj, descompuesto en mi mano
es el testigo de un pacto que sellé con el tiempo,
un lazo que se retuerce sobre sí mismo,
donde mis recuerdos quedan atrapados,
y el dolor se replica una y otra vez.

Las horas no avanzan, solo regresan,
la misma bienvenida, el mismo primer contacto,
las mismas pláticas, los mismos besos,
la misma forma en que me miras a través de la pantalla
mientras me pides que te rompa el corazón,
y el mismo momento donde, con el corazón desgarrado,
decido hacerlo.

Pero en mi corazón, un susurro permanece,
la esperanza que me dice que, si te dejo ir,
ahora que no es demasiado tarde,
ahora que la distancia aún no me impide ver lo que fuimos.

Entonces, algún día, cuando sea nuestro tiempo,
regresarás.

Y entonces los relojes volverán a tener arena,
y nosotros volveremos a ser,
porque yo nos habré guardado intactos en este bucle.

LA CURA

Dime que fue un acto de valentía,
que la distancia y los celos nos estaban matando.

Dime que somos demasiado jóvenes,
demasiado inexpertos,
que el amor es frágil
y que esto, aunque duela, fue la cura.

HAY FANTASMAS AQUÍ DENTRO

Las agujas del reloj se detienen todos los días
un poco más en esa hora,
como si quisieran dejar claro
que los recuerdos no se desvanecen,
como si no supieran que ya te fuiste.
Y te veo entrar por esa puerta,
día tras día,
pero te fuiste.
O tal vez soy yo la que se fue,
persiguiendo esa millonada de sueños
que tenía guardados
entre tus pupilas
y esos escritos dedicados meramente a ti.
Pero ahora el tiempo ya no tiene forma,
se diluye entre mis dedos,
y todo lo que queda es este vacío
que llevo tatuado en el pecho.
Busco tu risa en todos los rincones,
y te llamo en cada sueño,
como si no supiera que no estás.
¿Te salvé o nos condené?

EL SABOR DE LA VIDA

Todo tú,
esa revolución en tus ojos,
la chaqueta de piel,
las camisas de cuello,
los pantalones rotos
y esos ojos,
que no se limitaban a mirarme,
sino a devorarme.

Tú,
los besos escondidos entre risas,
las frases de telenovela barata,
la fábrica que construí
para hacerte perfecto
y odiarme por romper tu corazón.

Tú,
el estúpido sabor a vida
que destila el olor a tequila,
y mi tendencia de vida a perseguirlo.

Tú,
el miedo crónico
de nunca volver a probarlo.

Tú,
el que te fueras,
el que te dejara ir,
el que te corriera,
el que me azotaras la puerta.

Tú,
porque nunca fuimos.
Pero fuimos,
y ese sabor a vida,
aún lo llevo en la punta de la lengua.

DESDE QUE TE FUISTE

Creo que el tiempo se ha vuelto mi enemigo,
que las semanas han dejado de ser semanas,
y los minutos
no son más que agujas
que se entierran en mi piel mientras avanzan.

1, 2, 3... 60, y cero otra vez.
¿Qué sentido tiene?

Las horas traen consigo nuevos recuerdos:
tus ojos,
tus manos,
tu pelo,
tu voz.
Y me sujetan,
como si quisieran deshacerme.

El tiempo y yo ahora estamos peleados.
Le pido que acelere
y se ríe de mí,
haciendo los días más lentos.

Y, entonces, apareces...
Le pido que se detenga,
pero, burlón, pisa el acelerador.

Y el tic y el tac comienza a correr,
dejándonos, de nuevo,
a cientos de kilómetros.

TE VIVIRÍA UN MILLAR DE VECES

Siempre supe que te ibas a ir.
Es decir, te conocía como la palma de mi mano,
sabía que lo de quedarte nunca había sido lo tuyo,
ni en personas, ni en situaciones, ni en lugares.

Sabía que lo nuestro iba a romperme,
y, sin embargo, tomé tu mano y salté al vacío.
Porque, ¿qué más iba a hacer?

Hoy, tiempo después de que te has ido,
tiempo después, con mi corazón aún tratando de reparar
los destrozos de la caída,
me pregunto si de verdad volvería a saltar al vacío.

Quizá en otro momento,
con otras circunstancias,
podría pensarlo de nuevo,
pero la verdad es que ya no soy la misma.
Las heridas tienen un eco,
y las mías imploran por la caída.

SOBREDOSIS

Conocerte fue una muerte anunciada
disfrazada de sueños embotellados.

Comenzó como comienza todo:
dosis de adrenalina,
miedo y descubrimiento,
una tras otra,
que solo me invitaban
a seguir bebiendo de esa pequeña botella.

Pero el efecto duró más de lo que prometía,
te fuiste,
y me quedé aquí,
aún con los sueños atorados en la almohada,
sin saber que todo eso me estaba matando.

—Nunca volverá a ser lo mismo —dijo el doctor,
mientras yo le explicaba cómo nada se sentía igual desde
    entonces.

—No puedes tomarlo de nuevo —decían mis amigos,
mientras les suplicaba por más dosis
de aquella porquería, disfrazada de un quizá.

—No tengo más —dijiste cuando llegué suplicándote por más.

Fue tan rápido el ascenso a quererte
que en la caída lo perdí todo.
Te llevaste lo mejor de mí
y ahora no sé qué hacer con esto.

Cada día es una lucha
para no caer de nuevo en la tentación,
para no buscar esa chispa
que me hacía sentir viva.

Pero al final,
solo queda el vacío.

¿Por qué no puedo simplemente olvidarte?

SIEMPRE TÚ

Estaba pensando en ti,
en cómo tus hombros siempre estaban en la posición perfecta,
en el hilo de voz con el que me dirigiste la primera palabra
y en cómo, minutos después, te escondiste
en ese disfraz de egocentrismo.

La verdad es que últimamente no pienso mucho en ti.
Pasan semanas, y casi soy capaz de olvidar
nuestro pequeño espacio en el tiempo,
casi soy capaz de olvidar que exististe.

Pero luego llega todo como un torbellino:
nuestro primer beso,
el primer y último partido,
el truco del tequila,
la primera frase de telenovela,
los secretos que nos susurrábamos en medio de la madrugada.

Y yo vuelvo a caer en espiral,
una y otra vez,
a ese rincón donde tú aún vives,
donde el eco de tu risa resuena,
donde aún me quieres,
donde nunca nos rompimos,
donde no fuiste a besar a mi amiga
y donde no hubo despedidas.

Ese rincón,
donde el mundo aún gira alrededor de nosotros,
donde los recuerdos no se desvanecen,
donde, tal vez,
solo tal vez,
los dos seguimos esperando.

EN LO QUE TE CONVERTISTE

Eres
esa herida que no se cierra,
y, sin embargo, ya no duele,
esa cicatriz que lleva consigo el eco de lo que fue,
pero que ya no grita.

Eres
las palabras robadas,
los besos a escondidas,
las miradas que lo dicen todo,
y el vacío.

Eres el amor y el odio,
las promesas rotas,
las lágrimas desesperadas.

Eres prosa, arte, sueños
que nacen y mueren
entre las líneas de lo imposible,
un poema sin final,
una melodía inacabada,
una despedida nunca dicha.

Eres
mi corazón roto,
mi miedo a querer,
mi miedo a escribir,
mi miedo a avanzar,
mi miedo a retroceder,
mi miedo a mí.

Eres el reflejo de mis inseguridades,
pero también la razón por la que sigo buscando.

Eres lo que soy,
y al mismo tiempo,
lo que ya no quiero ser.

El "pero" que, aunque no se escucha, está escrito en sus ojos.

EL ÚLTIMO TRAGO DE LA BOTELLA

Somos el suspiro
que se le escapó a ese último trago
de aquella botella que bebimos juntos
el día en que colisionamos.

EL PARÁSITO DE TU RECUERDO

Tengo tu esencia aferrada a mis latidos,
he intentado desterrarla mil veces,
pero me sigue a todas partes,
como si fuera mi propia sombra.

Se cuela en mis sueños
en cada página de mis libros,
en otras voces que no son la tuya,
en otras miradas que no me saben igual.

La música dejó de ser música
el día que no estuviste tú para enseñármela.
Y mis canciones ahora solo tocan acordes tristes.

El alcohol ya no logra entumecerme,
solo despierta a tus fantasmas,
y mis pasos ahora solo persiguen
algo que se quedó tantos años atrás.

No tengo respuestas,
el tiempo no pasa,
porque se ha quedado estancado
en el último segundo
en el que aún estabas aquí.

He desterrado de mi vida
a cada persona que te conoció,
pero los que se quedaron
saben que algo no está bien,
ven en mis ojos un vacío
que no sé cómo disfrazar.

¿Pero cómo se lo explico?
¿Cómo les digo que sigo aquí,
atada a tu sombra,
prisionera de un nombre que ya no pronuncio?
Me piden que te suelte,
que te deje ir,
pero no lo entienden.

No entienden
la magia que habita dentro de tu cabeza.
No conocen las constelaciones
que yo vi bailar en tus ojos.
No escucharon las historias
que me contaste en medio de la noche,
ni sintieron el universo
doblarse en cada uno de tus silencios.

Me piden que te suelte,
que apague el fuego que dejaste,
Pero
¿cómo te arranco de aquí adentro

si eres el eco de mis latidos?
¿Cómo te arranco si respiro tu ausencia
como si fuera lo único que queda?

No, no puedo soltarte,
porque en cada despedida
sigues encontrando la forma
de quedarte en mí.

CUANDO VUELVES

Siempre dejo la puerta entreabierta,
por si decides volver.
Siempre respondo tus llamadas,
aunque sepa que es probable que no tengas nada bueno que
    decir.

Hoy volviste a aparecer,
y qué te digo, soy masoquista
y poco cuidadosa cuando se trata de protegerme de ti.

Volviste,
y de repente me asaltó un deseo inhumano de comerte a besos,
de dejarlo todo y perseguirte igual que la primera vez que te vi.

Volviste, y me aseguré de guardar todo lo que dijiste,
por si algún día dejo de reconocerte.

Volviste, y quise decirle a la luna que se quedara,
que alargara la noche
que no te dejara partir.

Volviste, y me dejé envolver por tu sombra,
por ese susurro que aún guarda tu voz, detrás de todo ese odio.

Volviste, y mis manos temblaron al tocar el teléfono,
como si pudieras sentirlas a través de la distancia,
como si el tiempo no hubiera pasado,
y yo siguiera siendo esa niña enamorada que encontraste la
    primera vez.

Volviste, y me recordaste que el amor es un juego peligroso,
que el deseo puede transformarse en necesidad
y que, a veces, perderse en alguien es más fácil que encontrar
    la salida.

Volviste, y aunque sé que esta historia no tiene un final feliz,
yo sigo aquí,
esperando que el eco de tu regreso
me diga de una vez por todas que vas a quedarte.

EL PROTAGONISTA QUE NO ES PROTAGONISTA

No puedo escribir de ti.

Puedo escribir de mí,
puedo escribir de nosotros,
puedo escribir del tiempo
y de la falsa premisa de que todo lo cura.

Puedo escribir del caos que quedó el día que te marchaste,
de tu llegada,
de los besos con sabor a tequila
y del pequeño espacio de tiempo
que sigo escondiendo debajo de la almohada.

Pero no puedo escribir de ti.

Porque escribir de ti implicaría aceptar
que ya no sucedes,
que ya no existes más allá de mis palabras.

Implicaría destrozar
la obra maestra que hice de nosotros,
romper al personaje perfecto
que creé para mis libros,
abandonar a esa versión de mí
que solo existe cuando se trata de ti.

Implicaría, sin más, soltar
aquello que me recuerda
que en algún momento
estuve viva.

Y no me malinterpretes,
esto no es solo por ti.

No es por tus palabras perfectas
ni por los momentos robados,
ni por los libros y canciones
que te apropiaste desde el instante
en que entraste en mi vida.

Esto es por todo.

Porque, en algún punto,
entre abandonarlo, abandonarnos, abandonarme,
le puse tu nombre a todas las cosas.

Y ahora, escribir de ti,
hacerlo de verdad,
implicaría mirar a los ojos
todo lo que no puedo nombrar
sin romper más
lo que sea que queda de mí.

Y no lo sé.

Tal vez por eso no puedo dejar de volver a ti.
Porque encontrarte me recuerda a mí,
me recuerda a ellos,
me recuerda que, en algún lugar,
existimos.

MIS PECAS TE LLORAN

Hoy intenté contar las pecas de mi rostro,
dibujar ese corazón que forman en mi mejilla,
pero entre lágrimas terminé recordando
lo bonito que se sentía cuando tú las besabas.

Cada una de ellas llevaba un pedazo de ti,
las miradas secretas, los besos a mitad de la cafetería ,
el primer "te quiero", las ruedas de una bicicleta,
las tardes bajo el sol,
y el eco de tu risa, que aún resuena en mis recuerdos.

Cada peca es un testigo mudo de tus caricias,
un punto en el mapa de lo que fuimos,
como si tu boca las hubiera sellado
con momentos que ya no puedo tocar.

Ahora, cada una de ellas es una huella de lo que he perdido,
y me encuentro buscando en ellas
pedazos de lo que alguna vez fue nuestro.

Pero ya no estás, y las pecas siguen aquí,
como fieles testigos de un amor que se esfumó.

NOS ENCONTRAMOS PARA PERDERNOS

Nunca llegué a conocerte de verdad,
y, sin embargo, mi alma te reconoce
como a nadie más.

¿Recuerdas cuando solía decirte
que, en otra vida, sucedíamos?
Que en otra vida nos quedábamos juntos.

Hoy, con la perspectiva
que solo los años saben regalarnos,
creo firmemente que nos hemos encontrado
en todas y cada una de esas vidas,
y, a la vez,
no dejamos de perdernos en cada una de ellas.

Quizás por eso la prisa, la urgencia,
la intensidad con la que nos vivimos;
como si, en el fondo,
supiéramos que nuestro tiempo estaba contado,
que todo lo que fuimos
era tiempo robado.

Quererte es el acto que repito incansablemente,
vida tras vida,
año tras año,

mientras que dejarte sigue siendo
la decisión más dolorosa,
con una lección escondida
que aún no he aprendido a descifrar.

Entonces,
¿cómo puedo sostenerte en esta vida?

Tal vez la única forma
sea aprender a convivir con tu ausencia,
correr a buscarte
solo para perderte nuevamente,
aceptar cuando vuelves
con la conciencia plena
de que nunca podrás quedarte,
en un ciclo interminable.

Mi psicóloga diría que eso no es amor,
que nada que necesite como al mismo aire
puede ser saludable.

Pero desde que nos perdimos aquella primera vez,
no he sido capaz
de nombrar a nada "amor"
de la misma manera,
y tu nombre
siempre está en la lista
de palabras más pronunciadas por mi boca.

¿Cómo les explico?
Que sé que no sabemos quedarnos,
que estamos condenados a perdernos,
y que, sin embargo,
te elijo una y otra vez,
aun sabiendo
que el dolor será desgarrador cuando te vayas.

¿Cómo les digo?
Que ya no te conozco,
pero te reconozco,
y que la esperanza de que mañana te quedes
pesa más que la certeza
de que siempre te irás.

LAS PALABRAS QUE ME DEJO

Las palabras siempre fueron esa balsa
en medio de la tormenta que me mantenía con vida,
siempre fueron sueños, pasiones, escapes...
dulces besos de resurrección.

Hasta que una mañana,
se convirtieron en puñaladas
que mataron al espíritu que vivía en mí.

Hasta que una boca profanó su pureza,
hasta que unos labios me escupieron mentiras
disfrazadas de un amor tan idealizado
que solo la estúpida de los cuentos de hadas
se las creía.

Y lo peor,
es que yo las creía.
Creí en cada palabra,
en cada promesa,
en cada "para siempre".

Ahora, mis recuerdos son ecos distorsionados,
y las palabras que antes eran refugio
se convirtieron en las cadenas que me aprisionan,
en los fantasmas que no puedo sacudirme,

en las cicatrices que no se curan,
porque la traición y las mentiras que la presidieron
fueron más fuertes que el amor
que un día juré que me salvaría.

ME TENGO HARTA

Quiero dejar de hablar de ti.

Quiero dejar de comparar el color de tus ojos con tantas cosas.

Quiero poder maldecir tu nombre sin que suene a mentira.

Quiero dejar de buscar los rastros de tus besos.

Quiero dejar de contar nuestra historia como si se tratara de una comedia romántica.

Quiero olvidar el sabor de aquel tequila.

Quiero dejar de soñarnos.

Quiero dejar de contestarte.

Quiero poder cambiar el pasado.

Porque:

quisiera nunca haberme topado contigo ese día.

Quisiera haberte dicho lo insoportable que eras.

Quisiera no haberte enseñado mi poema favorito.

Quisiera no haberte dedicado todas esas canciones.

Quisiera nunca haber probado el sabor de tus besos.

Quisiera haberte dejado tomar ese Uber.

Quisiera no haber respondido.

Quisiera no quererte.

UNA LECCIÓN MÁS, UN VACÍO MÁS

Hoy no tengo fuerzas para mirar a nadie,
porque me he mirado las supuestas cicatrices
que tanto intento ignorar
y resulta que no están selladas con tu nombre,
como yo pensaba,
sino que son heridas abiertas,
que siguen desangrándose sin piedad.

Cada día intento olvidarte,
pero el eco de tu ausencia sigue rebotando
contra las paredes de mi pecho,
y en cada intento de cicatrizar,
la sangre sigue fluyendo,
como un recordatorio constante de tu partida.

Es curioso, ¿no?
Que, en lugar de sanar, me pierda en este dolor,
como si aún esperara algo,
como si el dolor fuera una forma de sostenerme a ti,
de mantener tu imagen viva en mi mente,
aun con todas las consecuencias.

Es extraño cómo un nombre puede seguir vivo en cada herida,
como si el amor fuera algo eterno,
incluso cuando ya no queda nada
más allá de esa promesa que le hice al tiempo.

CICLOS DE ALIMENTACIÓN

Lo alimento yo cuando te pienso un martes en la mañana.
Lo alimentas tú cuando dejo de buscarte, y aun así apareces.
Lo alimento yo cuando insisto en preguntarme qué haces con
tu vida.
Lo alimentas tú cuando tus preguntas son respuestas
disfrazadas.

Lo alimento yo cuando no dejo de esperar que vuelvas.
Lo alimentas tú cuando, alcoholizado, traes promesas que el
día desmiente.
Lo alimento yo cuando llega el fin de semana y me quedo
esperando tu llamada.

Lo alimentas tú cuando dibujas un futuro con palabras que no
sostienes.
Lo alimento yo cuando prefiero creer en él antes que soltarlo.
Lo alimentas tú cuando dejas migajas para que no te olvide.
Lo alimento yo cuando sigo justificando todas tus actitudes.

Lo alimentas tú cuando te vas sin cerrar la puerta.
Y lo alimento yo cuando sigo evitando azotarla.

ESTRELLA

Eres eso que sostengo
en el fondo de mi alma,
con manos temblorosas
y el pulso acelerado.

Brillaste tanto
que me cegó el intento
de retenerte,
de hacer que te quedaras.

Fuiste un destello fugaz,
una luz que no pertenecía a la sombra,
y, aun así, aquí estaba yo,
un abismo tratando de seducirte.

Te ofrecí mi vacío,
mis noches,
mis delirios de artista,
y aun así no creo que haya sido suficiente.

Dime, estrella,
¿cómo hago para que te quedes?
¿cómo hago para que brilles solo para mí?
Si te atrapo, ¿perderás tu luz?
Si te retengo, ¿dejarás de arder?

Pero, dime, estrella,
¿puede un deseo cambiar el rumbo?
¿puede un susurro hacer que el universo
se detenga solo un instante?

Porque aquí abajo yo sigo esperando un milagro,
sabiendo que quizá ni siquiera me viste a mí.

EFECTOS COLATERALES

Somos el efecto colateral
de un par de miradas que no se atrevieron a continuar.

Somos eso que se guarda en el cajón,
esperando que alguien le devuelva el color,
que le vuelva a dar vida.

Somos eso que solo se cuenta a la mitad de la noche,
entre susurros y copas.

Somos el secreto
de un amor cobarde y escurridizo.

Somos la muerte,
la vida,
y el dolor.

Somos ese todo que se convirtió en nada,
y esa nada que surgió de un todo.

MALDITA NECESIDAD DE TI

No sé de dónde nace esta necesidad de escribir de ti,
de seguir arrancándole letras a la herida,
de repetir una y otra vez
el orden de las decisiones
que me llevaron a dejarte,
que me llevaron a odiarme.

No sé por qué te recuerdo
cada vez que miro mi librero,
ese que siempre presumí
como mi mayor trofeo.

Ni por qué te maldigo los sábados
cuando el olor a tequila
entra por mi nariz
antes de que el maldito líquido
queme mi garganta.

No sé por qué mis protagonistas
ya no me emocionan,
ni por qué la idea del amor
que te compartí
mientras te tocaba el ombligo
ahora me parece tan oxidada.

No sé si es costumbre o castigo,
no sé si sigo escribiéndote para enterrarte
o para mantenerte vivo.

No sé por qué sigo buscando tu nombre
en todas las estrellas,
ni por qué, después de tantos inviernos,
aún me hace falta tu chamarra de piel en mis hombros.

No sé si el olvido llegará
como un ladrón en la noche
o si tendré que invocarlo a gritos.
Pero, qué ironía, amor, porque
no sé si quiero que venga.

MITRIDATISMO

Descubrí la palabra en un libro de fantasía,
entre páginas gastadas y letras dormidas.

Mitridatismo: el arte de abrazar el veneno,
de beber la muerte en sorbos pequeños
hasta volverse inmune.

La amé desde entonces,
porque me pareció un concepto tan liberador,
pensar que el dolor,
si se toma en dosis medidas,
deja de doler.

Y a ese punto,
yo solo quería que dejaras de doler.

Así te dejé volver,
en pequeñas dosis
que mi alma aprendió a tragar
como si fueran medicina.

Un mensaje a medianoche,
una caricia robada al pasado,
un "fuiste especial"
impregnado de mentiras.

Creí que, con el tiempo,
ya no habría escalofríos,
que tu ausencia se volvería costumbre,
y tu regreso dejaría de causar terremotos.

Pero el veneno es veneno,
aunque se tome en gotas.
Y lo que no mata,
a veces solo prolonga la agonía.

Ahora lo sé:
nunca me hice inmune.
Solo aprendí a morir
un poco más lento.

SIEMPRE FUE UNA POSIBILIDAD

¿Qué te digo?
Quemé los barcos,
y ahora estoy atrapada
en esta isla maldita,
donde todo me recuerda a ti.

PREMONICIONES

El futuro nunca fue nuestro.
Lo supe desde aquel día
en que nos vi tan perfectos,
riendo como si nos conociéramos
de toda la vida.

Lo supe aquella tarde,
sentados en una banca,
mientras te señalaba el cielo
y te contaba hasta dónde llegaba
esa fachada de egocentrismo
que tanto te gustaba ponerte.

Lo supe el día
que salimos del cine,
muertos de risa,
mientras tocábamos tu ombligo.

Lo supe aquella noche,
acurrucados en el rincón de tu apartamento,
viendo Forrest Gump.

Lo supe cada maldito día,
con cada frase de telenovela,
con cada sonrisa que me sacabas,
con cada lágrima que derramé después.

Y, sin embargo, me atreví a negarlo.

Me atreví a cerrar los ojos,
a ignorar cada premonición
que anunciaba que me arrancarías la vida.

Me convencí de que eran delirios,
nacidos del miedo irracional
que me daba imaginar un futuro sin ti.

¿Quién diría
que semanas después
sería yo la que terminaría por rompernos?

¿Quién diría
que los niños que jugaban a besarse a escondidas
y se susurraban secretos a medianoche
no podrían ni siquiera sostener una conversación?

¿Quién diría
que te amaría y te odiaría con la misma profundidad,
y que, en secreto,
te culparía por nunca haber venido a buscarme?

¿Quién diría
que lo que comenzó como una luz
terminaría convirtiéndose
en este agujero que cargo en el pecho?

Y ahora,
le escribo letras y letras
a la única cosa
que nunca quise que se convirtiera en mi poesía.

Ya no sé qué hacer.

Sé que mi recuerdo
está enterrado en algún rincón,
sepultado entre capas de resentimiento.

Sé que ya no queda nada,
que debería dejar de buscarlo.

Pero dime,
¿acaso no envías señales confusas?
¿No hay en ti algo que aún susurre
que estábamos destinados a más?
¿De verdad te has convencido
de que fui yo el villano de nuestra historia,
cuando fuiste tú
quien decidió llamarlo a todo "mentira"?

Dime,
¿prefieres seguir culpándome
en vez de escuchar esa voz
que te dice que, tal vez,

así como mi felicidad quedó
atorada en tus ojos,
yo tenga la tuya perdida entre mis pecas?

Sé que me doy demasiado crédito,
que, a pesar de todo,
has estado bien
y seguirás estándolo.

Que un día
el tequila dejará de recordarte mi ausencia,
que tal vez un nuevo amor
ocupe el lugar que una vez fue mío.

Te imagino riendo,
disfrutando de momentos
que nunca compartiré contigo.
Y esa imagen
me duele más de lo que puedo admitir.

Pero ¿y si no estoy tan equivocada?
¿Y si todavía hay algo en ti que susurra
que podríamos?
¿Y si todavía hay algo que pueda salvarse?

Dímelo.
Porque he quemado todo
apostando a esto.

Y si ya no queda nada,
prefiero construir nuevas ciudades
antes de volver a mirar
las cenizas de lo que perdí
cuando aparté la mirada de nosotros.

COMO SI COMIERA PIÑA

He saboreado tanto tu recuerdo
que se me ha empezado a escaldar la lengua.

EL ÚLTIMO MOVIMIENTO

Te mandé mi corazón en una caja.

No quedó nada aquí.
Y decidí enviártelo porque,
después de todo,
no hacía más que gritar que te pertenecía,
que, en realidad,
nunca fue mío.

Si te lo preguntas, no lo pensé demasiado.

Ese órgano me tenía agotada,
gritaba tu nombre hasta el cansancio,
sofocándonos a ambos
cada vez que el destino torcía su camino
y me impedía alcanzarte.

Cada uno de sus latidos
era una súplica inútil,
un eco de lo que fue
o, tal vez,
de lo que nunca llegó a ser.

Así que lo arranqué de mi pecho,
lo empaqué para ti

y lo envié directo a tu casa,
con la esperanza de que lo vieras por lo que es:
un testigo de los crímenes que cometió en tu nombre,
una reliquia de batallas perdidas,
y un soñador estúpido
que no entiende dónde está el límite.
Para que al fin lo guardes
y él entienda que hace años lo dejaste libre,
y que, si no se fue,
fue por pura decisión propia
y no porque el destino lo atara a tus manos.
Y sé que es injusto,
que no tengo derecho alguno
a entregarte este cadáver
y pedirte que lo revivas…
o que lo entierres de una vez.
Pero ya no tenía otra opción.
He cargado con su agonía demasiado tiempo,
lo he escuchado suplicarte desde las sombras,
aferrado a una esperanza
que nunca debió ser suya.
Y yo…
ya no puedo sostenerlo.
Sin embargo, tampoco puedo enterrarlo.
Porque lo quiero demasiado,
porque sus delirios me han envenenado,
y porque, si dependiera de mí,
seguiría alimentando sus fantasías

hasta el último de mis días.
Sé que es probable que jamás
encuentres el valor para abrir esa caja,
para sostener entre tus manos
el peso de lo que quedó de mí.
Entendería si la dejaras olvidada,
si nunca te atrevieras a mirarlo de frente.
Y, aun así, algo en mí insiste
en que no puedes simplemente ignorarlo.
Que dentro de ti debe haber al menos
un poco de piedad para hacer algo al respecto.
Porque ese corazón herido
lleva tus huellas marcadas en cada cicatriz,
tu nombre grabado en cada rincón.
Y es tan evidente que necesita tu condena,
que no entiendo cómo puedes elegir ignorarlo.
Es casi una ironía:
que el mismo órgano que un día
latió solo por ti
ahora dependa de tu juicio
para encontrar la paz
que yo jamás pude darle.
Así que sí,
es tuyo tanto como lo es el pasado que compartimos,
y aunque no tengas la culpa de su muerte,
llevas en tu garganta la única voz
que puede calmarlo
o poner fin a su delirio.

Solo tú puedes decidir
si lo despiertas
o lo dejas descansar para siempre.
Mientras tanto,
yo me quedo aquí con sus fantasmas,
esos que gritan que aún queda algo de vida entre los restos,
esos que silencio
con la lista enorme de razones para odiarte.
Las que repito como un mantra,
esperando que con cada palabra
se borre un pedazo de ti de mi memoria.
Pero, por si te lo preguntas,
es inútil.
Cada vez que pienso que lo he logrado,
vuelven con más fuerza,
arrancándome el odio
para hacer espacio a un anhelo que me consume.
Son esos mismos fantasmas
los que, por más que intente desterrarlos,
siguen apareciendo en cada rincón,
recordándome que hay sentimientos
que ni el desprecio logra enterrar,
y los que gritan
que aún no has puesto tú
el punto final.

Endulzar mis heridas
con tal de que no se acabe la tinta…
es otra forma de matarme,
y ahora mismo
prefiero vivir.

TAL VEZ TODAS LAS VIDAS

Te dije que te esperaría una vida,
y se me pasó la vida esperando tu regreso.

Cada día me decía que un poco más,
que con el tiempo las esperas se hacen más ligeras,
pero nuestro reloj no conoce de esperas ni de paciencia.

Te dije que te esperaría una vida,
y se me pasó la vida esperando tu regreso.

¿Es esto lo que soy?
¿Un bucle eterno de promesas rotas?

NOS SOBREVIVIMOS

Conocerte fue el terremoto más grande
que ha azotado mi vida.
Besos sabor a tequila,
promesas infinitas
y un "te dejo"
porque me asusta todo lo que siento,
porque no puedo volver a elegirme a mí,
y cuando se trata de ti,
siempre me pongo primero.
Fuiste todo lo que estaba esperando,
y, aun así, no supe cómo sostenerte.
Lamento tanto,
tantas de mis decisiones...
pero aquella fue la peor de todas.
Juro que creí que lo hacía por ti.
Juro que después juré que lo hacía
por puro egoísmo,
por conservarnos intactos en mis recuerdos.
Juro que después me di cuenta
de que aquello fue autosabotaje.
Pero toda esta imagen de ti
también lo es.
Amor trágico e infinito,
más delirio que realidad,
más ficción de los cuentos

que tantas veces me dijiste
que no podían ser verdad.
Llegaste a cambiarlo todo,
me enseñaste la mejor versión de mí,
y te fuiste tan pronto
como sonó la primera alarma.
Quisiera ser tú.

Quisiera haberlas visto
el día que terminé mirándote,
creyendo que me había metido
en la peor situación de todas.
Quisiera haberlas visto
cuando te proclamaste más listo que el resto,
cuando desapareciste por días sin motivo.
Quisiera haberlas visto
el día que me dejaste,
o las quinientas noches siguientes
en las que solo apareciste
cuando estabas tomando.
Quisiera saber si de verdad las escuchaste,
entender de dónde viene este juego
y cerrarlo.
Y, a lo mejor,
el problema es que lo veo.
Fueron noventa noches las que pasamos juntos,
todas tan perfectas,
superadas solo por la siguiente.

Ninguno de los dos
tuvo nunca idea
de qué hacer con tanto.
Dos niños jugando a conocer la vida,
hasta que nos lo arrebataron,
hasta que nos la arrebaté.
Y entonces solo quedó esto:
los pasos inolvidables
para saber cómo, cuándo y dónde encontrarnos,
solo para gritarnos a los cuatro vientos
que nos odiamos
por haber sobrevivido,
por habernos sobrevivido.

¿CÓMO TE CULPO?

¿Cómo puedo culparte
por seguir apareciendo?
Si soy yo la que siempre corre a abrirte
todas las puertas
y ventanas.

¿Cómo puedo culparte
por las respuestas disfrazadas?
Si soy yo la que insiste en hacer las preguntas
que ya sé que no quieres responder.

¿Cómo puedo culparte
por los mensajes confusos?
Si soy yo la que siempre elige leer entre líneas.

¿Cómo puedo culparte
por las llamadas que apestan a alcohol
desde el otro lado de la línea?
Si soy yo quien, entre sueños,
decide contestarlas.

¿Cómo puedo culparte
por dibujarme futuros que no existen?
Si soy yo quien, con cada palabra tuya,
imagina castillos de aire.

Siempre juntando palabras,
siempre creando teorías,
siempre buscando señales donde no las hay,
y construyendo sueños
sobre bases que no tienen ningún fundamento.

¿Cómo puedo culparte
por las constantes bienvenidas
con sabor a despedida?
¿O por esas despedidas
que de alguna forma siempre haces sonar
como un "hasta luego"?
Si soy yo la que no deja de esperarte.

¿Cómo puedo culparte
por el caos que desatas?
Si soy yo la que convierte las heridas
en trofeos.

¿Cómo puedo culparte?
Si al final soy yo la que no se mueve,
la que sigue esperando,
la que sigue soñando
con un futuro que es probable que no exista.

Mientras tú,
tú no haces nada más
que seguir jugando con mis sentimientos,

y lo haces de manera descarada,
con mentiras disfrazadas de sueños
y promesas que se evaporan al amanecer.

¿Cómo puedo culparte
si al final soy yo la que se aferra,
la que alimenta esta esperanza,
la que convierte cada mentira
en un paraíso?

Mientras tú te marchas
y regresas sin remordimiento,
dejándome atrapada
en este ciclo
que yo misma creé.

LAS RUINAS EN QUE SE CONVIRTIÓ
MI AMOR

Lo amé tanto,
que cuando se fue,
lo maldije en cada uno de mis días.
Tanto que, apenas llegaban las noches,
usaba su nombre para culpar
a todos los males que había en mi vida.

Lo amé tanto,
que una noche,
quemé sus fotos,
tomé sus cartas
y lo convertí todo en polvo.

Lo amé con la furia de quien pierde
algo que nunca debería haber tenido,
con la rabia de quien no entiende
por qué algo tan hermoso se rompe.

Lo amé como se ama a aquello
que no puedes evitar querer,
como se ama a las cosas que se adhieren
a tu piel, a tu esencia,
y se quedan allí,
como una marca imposible de borrar.

Lo amé con cada gramo de odio
que habita en mi cuerpo,
con la intensidad de un amor que arde
y destruye lo que toca.

Lo amé como el fuego ama la madera,
consumiendo, devorando,
pero dejando una marca imborrable.

Lo amé tanto, con esa clase de amor,
que no se le da a cualquiera.
Como se ama solo a aquellos que tienen la capacidad
de ser todo,
incluso el caos,
y, aun así, seguir siendo perfectos.

VOLTEA A VERME

¿No ves que morí intentando salvarte?

Desde niña me enseñaron
que lo roto solo rompe más,
y yo ya estaba hecha pedazos.

No entiendes que, al dejarte,
no hice más que esperar
a que vinieras a rescatarme.
En mis libros, todo se arregla.
En mis libros, ellos siempre se quedan.
Pero tú nunca me entendiste,
nunca viste las señales,
y me soltaste como si nada.

Me convertiste en el villano.

Estoy cansada de convencerte
de que tomé malas decisiones,
pero eso no me hace una mala persona.

Te quiero.
Te quise.
Pero vete.

Ya no puedo seguir lamiendo mis heridas,
no puedo seguir lamentándome.

Y si nunca vas a perdonarme,
¿por qué sigues esperando
oír que lo siento?

¿Qué ganas?

Perdónate a ti,
porque tú tampoco luchaste.

Maldita sea,
cuánto te odio
desde lo más profundo
de este amor sin fundamentos.

Te necesitaba,
y no supe cómo pedir ayuda.

Te necesitaba,
y no pudiste verme.

Pero dime,
¿qué quieres que haga ahora?

LAS PIEZAS QUE FALTAN

Dime ¿qué me hiciste?
¿Cómo deshago este desastre
que creaste sin saberlo?
¿Acaso lo hiciste
en pleno conocimiento de sus implicaciones?

Has ganado todas las batallas,
pero no sé si eso te da la paz
que pensaste que tendrías,
porque aquí estoy,
en este caos que no pedí,
preguntándome si alguna vez fuiste consciente
de lo que dejabas atrás.

¿Cómo regreso al lugar donde todo estaba bien?
¿Cómo borro este veneno
que se ha colado
en mi alma y mis pensamientos?

Tú ya no estás,
y yo sigo buscando la forma de recomponer
un rompecabezas cuyas piezas se han desvanecido.

Nunca fuimos nada,
y, sin embargo, fuimos todo,
un vacío que se llenó de promesas no cumplidas,
de palabras no dichas,
de resentimientos estúpidos.

Me pregunto si alguna vez fuiste consciente
de las grietas que dejaste,
de los pedazos que caían
sin que pudiéramos hacer nada.

Y yo sigo aquí,
buscando respuestas en un rompecabezas
cuya imagen nunca llegué a conocer.

¿Cuánto me odias como para dejarme
aquí parada en medio de la incertidumbre?

LA SANGRE QUE MANCHA MIS CUADERNOS

Nunca me atreví a llamarme artista,
mucho menos escritora,
y ni se diga poeta.

Te dije un martes
que siempre lo había soñado,
y entonces,
con esa habilidad tan tuya
de sacar lo mejor y lo peor de mí,
me regalaste esto:

un montón de sangre
para llenar las plumas,
un cuaderno en blanco
que apestaba a un futuro incierto,
y un montón de recuerdos,
decisiones y despedidas
de las que escribir.

En los peores días,
cuando venías a gritarme
lo mucho que lo había arruinado,
llegué a creer que de verdad busqué esto,
que ansiaba tanto ser artista

que solo una musa
tan tormentosa como nuestra imposibilidad de ser
podría convertirme en una.

Porque al final, ¿qué otra cosa es el arte,
sino una forma bonita de sangrar?

Pero ¿qué te digo?
Invento hipótesis con la misma facilidad
con la que nos invento futuros,
y esa me parece la más estúpida.

Porque si hubiese sabido que el precio de esto sería perderte,
entonces nunca lo hubiera elegido.

Y esa, mi amor, es la verdad más grande
con la que puedo pagarte por haberme convertido en artista:
el asegurarte una vez más,
aunque no lo creas,
aunque no lo quieras oír,
que lo único que era más valioso para mí que nosotros
era el saberte feliz.

Y esto…
esto que parece un arte de porquería
no es más que un premio de consolación.

Es solo lo que queda cuando ya no hay nada más,
cuando el mundo se ha apagado,
y el dolor se convierte en tu sombra.

Cuando la esperanza se convierte en muerte
y el vacío en lienzo.

¿DÓNDE ESCONDISTE EL ANTÍDOTO?

Encontrarnos fue el veneno que lo infectó todo.
Yo estaba bien antes de que llegaras,
tenía una idea tan corta de la felicidad,
y me era tan suficiente.
Pero tenías que aparecer en mi vida,
tenías que llenar ese espacio vacío
y enseñarme a ver los malditos colores,
esos que siempre había creído que no existían.
Ahora, cada rincón de mi ser es distinto,
se llena de un caos que no quiero entender,
y no estás para explicármelo.
¿Dónde está el antídoto?
Lo busqué en cada rincón de mis pensamientos,
pero sólo encontré fragmentos de ti.
Ahora, te busco en mis días vacíos,
y no sé si quiero encontrar la cura,
o si, sencillamente me he acostumbrado
a vivir a medias.
¿Dónde está el antídoto?

Sé que lo has bebido,
que lo has tragado sin pensarlo
mientras yo sigo buscando
un remedio que nunca llega.

Sé que ya no sientes nada,
que el veneno ya no quema en tus venas,
pero en las mías sigue corriendo.

¿Acaso tú no te infectaste?
¿Y qué hago con esta herida
que ya no sangra, pero sigue ardiendo?
¿Qué hago con los recuerdos que me queman
cuando los miro en el espejo?

No sé si quiero curarme,
o si simplemente,
he aprendido a vivir con esta enfermedad
que me dejaste sin querer.

Pero si tienes el antídoto,
por qué no puedes compartírmelo.

EL JUEGO

Llevamos tantos años jugando este juego
que no entiendo cómo es posible
que aún no haya aprendido
que el único que juega eres tú.
Que todas las partidas las ganas tú,
y que yo...
yo no soy más que el tablero
donde tu egocentrismo y mis delirios
se expanden cada vez que uno de los dos
se atreve a mirar a los ojos
lo que dejamos a medias.
Y vamos, tampoco soy tan estúpida.
Conozco perfectamente las señales
que anuncian el inicio de otra partida.
Puedo leer tus movimientos
antes de que siquiera coloques las piezas,
y sé exactamente cómo vas a derrotarme,
incluso antes de que tú lo decidas.
Tus jugadas me las sé de memoria,
y, si soy sincera,
ya ni me sorprenden.
Pero el problema es que jugamos dos juegos distintos.
En mi cabeza, la única victoria
es aquella en la que te quedas.
En la tuya, solo ganas

cuando puedes volver a alejarte.
Dime:
¿en qué momento el juego se deformó tanto?
¿Acaso no estábamos jugando lo mismo
cuando iniciamos esta tontería?
¿Cuándo empezaste a ganar
simplemente aceptando que no sucedíamos?
Y ahora, dime,
¿cómo hago yo para aceptar
que solo ganaré cuando aprenda a dejarte ir,
como tú lo has hecho?
Dime:
¿yo soy el problema?
¿Debo dejar de apostar por nosotros?
¿Es que de verdad no hay algo más?

He buscado respuestas en cada rincón de este juego,
en cada mensaje a medias,
en cada silencio extendido entre nosotros.
Me aferro a la idea de que,
si sigo apostando,
si sigo jugando según tus reglas,
en algún momento descubrirás
lo que yo ya sé:
que este juego no es un simple juego.
Que detrás de cada partida perdida
hay una verdad que no te atreves a admitir.
Como si, en algún momento,

hubiera empezado a confundir el amor con la espera.
Como si tu ausencia constante
fuera la única forma en que sé sentir.
Tal vez esa es la respuesta.
Tal vez el verdadero problema
no es que tú sigas alejándote,
sino que yo sigo creyendo
que el juego es lo único que nos une.
Porque la realidad es que estoy yo sola en esta mesa.
Sola, moviendo las piezas,
mientras tú ni siquiera te dignas
a observar el tablero.
Estoy jugando contra una sombra,
una versión de ti que ya no existe,
que quizá nunca existió.
Una que alimenta mis delirios
y se deleita sabiendo
que sigo aquí adorándola.
Pero es que ya me estoy aburriendo.
Estoy cansada de esperar
una jugada que nunca llega,
de fingir que estoy bien
con los términos que impusiste desde el principio,
de pretender que es divertido
que te vayas y vuelvas.
Así que, o cambiamos de juego,
o dejamos de jugar.
Porque, en este punto,
prefiero perderte
a seguir esperando.

EL RELOJ

Tengo a tus fantasmas rodeándome.
Mientras veo los pedazos de aquel reloj
que me diste, tirados en el suelo.
Atrapé nuestros recuerdos en esa cosa,
en un espacio sin tiempo,
y al romperlo, el tiempo regresó.
Lo que nunca fue quedó atrás,
y todo lo que alguna vez fuimos
se deshizo como las piezas del reloj.
Quiero quedármelas, pero qué sentido tendría.
¿Acaso no lo rompí con toda la intención de olvidarme de esa cosa?
¿De nosotros?
¿De qué me sirven estos fragmentos
si al mirarlos solo revivo lo que ya no existe?
El tiempo que se detuvo,
el espacio que creí nuestro,
ya no puedo rescatar lo que perdí.
Quisiera quedarme con algo,
pero no puedo aferrarme a los recuerdos
cuando ya no tienen forma.
El reloj ya no marca nada,
y mis manos siguen vacías.
¿Qué hago con los pedazos de lo que éramos?
Cuando ya no sé si quiero repararlos
o simplemente dejar que el olvido se los lleve.

Tal vez, al final, el reloj nunca fue nuestro,
sino solo una ilusión de lo que quise que fuera.

Así que dejo que se deshagan,
como todo lo que ya no puedo sostener,
como esa otra vida que nunca llegará
y ese futuro que nunca prometió alcanzarnos.

OTRO MÁS DE TUS FINES DE SEMANA

Vamos, mi amor, toma la botella.

Bebe un par de tragos,
y recuerda cómo marcar mi número.

Quédate en silencio,
deja que mi voz
se pierda en la estática,
como todas las veces que llamaste
sin saber qué decir.

Dime nada. O dime todo.

Hazlo antes de que la noche
termine por tragarse los recuerdos.

O, si prefieres, píntame castillos,
construye promesas en el aire
rómpelas al amanecer,
y luego vuelve mañana con la excusa perfecta.

Dime que no lo recuerdas,
pero no te mientas,
porque lo que sientes,
lo que te ahoga,

lo que temes ver,
sigue ahí.

No olvides que el reloj
ha empezado a correr de nuevo.
Y tal vez, la próxima vez,
ya no haya nadie dispuesta a contestar tu llamada.

LO QUE NUNCA QUISE VER

El día que un rayo de luz
entró por mi ventana,
lo entendí todo.

Entendí que me dejaste ir
con la misma facilidad
con la que alguien saca la basura.

Entendí que este cuento de hadas
lo escribí sola,
que el príncipe que tanto esperé
era solo un reflejo de mis propias ilusiones,
y que las historias felices
no son más que capítulos vacíos,
de los que uno se da cuenta demasiado tarde
que son solo papel y tinta.

Entendí que dijiste adiós
antes incluso de que dijéramos adiós,
que si no hubieran estado de por medio
mis decisiones de protegerte,
igual lo hubieran hecho la distancia,
tu ego, o tu necesidad de aparentar soltería.

Entendí que lo que para mí fue tanto,
para ti nunca fue suficiente.

Suficiente para que pelearas,
suficiente para que me miraras,
suficiente para que nos esperaras.

Entendí que debajo de todas esas porquerías
que escribí sobre nosotros,
estaba yo.

Yo, la que te amaba demasiado.
Yo, la que no podía dejar de adorarte.
Yo, la que romantizaba todo.

Entendí que desde el momento en que entraste por mi puerta,
la que se perdió fui yo,
porque te quería más que a nada,
porque me negaba a ver que no era mutuo,
porque nunca descifré tus acciones
y siempre conseguí perderme en tus ojos.

Entendí que mi amor por ti
se convirtió en el faro
que guió mis pasos hacia el abismo,
y que me hundí en él,
como si el amor pudiera llenar cualquier espacio,
incluso el vacío que dejaste tú.

EN REALIDAD, DEJÉ DE ESPERARTE HACE UN RATO

Me enamoré de mi reflejo en tu mirada,
de la fuerza que descubrí en mi pecho al nombrarte,
y de la paciencia que nunca supe que tenía
hasta que comencé a esperarte.

Me enamoré de esa que lo daba todo,
de esa que encontraba poesía en cada herida,
y esperanza en cada regreso.

Me enamoré de la intensidad con la que soñaba,
de la fuerza con la que ardía aun en la ausencia,
y de la forma en que se reconstruía
después de cada tormenta.

Me enamoré de la entrega, de la locura,
de la mujer que amaba sin medida
y de la fragilidad con la que se rompía tras cada despedida.

Me enamore de mí.

Y no fue hasta que me permití sentarme
conmigo misma,
que entendí:
no estaba esperándote a ti,
sino a que ella volviera.

Porque ella es mi estándar,
ella es lo que quiero volver a ser.
Ella, la que ama sin miedo,
la que cuida con manos firmes y corazón abierto,
la que derriba muros
y se entrega sin reservas.

Ella, la que transforma todo en arte,
y encuentra flores incluso en la grieta más imperfecta.

QUERIDO AMIGO IMAGINARIO

Querido amigo imaginario,
llegó la hora de decirnos adiós,
llegaste cuando él se fue
y me acompañaste en cada paso desastroso
que tomé en su nombre.

Las sombras te forjaron,
pero yo te di su rostro, su nombre,
y con el último latido que me quedaba,
creé un refugio eterno en el tiempo,
solo para ti.

Y tú, a cambio, me dejaste la culpa:
la mía, la suya, la del destino,
la de todos,
disfrazada de un consuelo tan falso como tú.

Fue en esas mentiras,
en ese "quizá",
donde encontré mi refugio.

En los mejores días,
me llenaste de sueños sin sustento,
y en los peores,
me permitiste manchar su imagen hasta el cansancio.

A cada paso te dejé quedarte,
agrandando tu espacio.

¿Cómo no iba a hacerlo?
Si me llenaste la cabeza de tonterías,
si volvías cada vez que él se iba,
si me ataste a sus recuerdos,
a ideas de conversaciones futuras,
a un sueño al cual seguir.

Fuiste compañía en cada una de sus despedidas,
fuiste mi escudo y mi campo de batalla.

Te vi crecer en el vacío,
te regalé tantas cosas que nunca fueron suyas,
te atribuí tantas cualidades
que quizás ni siquiera estaban allí cuando lo conocí.

Te construí,
te alimenté con su recuerdo y mis deseos,
y sin saberlo, te convertiste
en la pieza faltante
de un rompecabezas que solo existía en mi cabeza.

O peor aún, en el estándar inalcanzable
que nadie podría llenar.

Y lo sabías.

Te burlaste tantas veces cuando lo nombré,
como si fuera solo un asunto del pasado,
porque tú mismo creías que eras él.
Y solo tú y yo sabemos cuánto te quería.

Pero ya no te quiero.
Me tienes harta.
No existes.
Vete.

LO QUE QUEDA EN EL VACÍO

Me cansé de buscarte en cada rincón de mi mente,
de seguir las huellas que dejaste,
de esperar que llegara algo más que tu sombra
y de creer que podía materializarte.

Te vi desaparecer, un millón de veces.
Te vi aparecer otras tantas,
pero al final, cuando el eco de tu nombre ya no me alcanzó,
para llenar el vacío que dejabas
supe que había tenido suficiente.

Y en ese momento, cuando la última huella se desvaneció,
lo que quedó fue un reflejo sin contornos,
una imagen que ya no necesitaba existir,
porque el espacio vacío comenzó a reclamarme a mí.

Dejé de luchar contra lo que no era,
dejé de esperar tu regreso,
dejé de preguntarme si alguna vez
fuiste más que una ilusión.

Te dejé ir,
aunque nunca estuve segura de si realmente te habías ido.
Y el tiempo, que volvió a correr,
me mostró que la verdad no siempre tiene forma,

me mostró que no siempre hay un adiós claro,
y que a veces, el silencio es todo lo que queda.

Que algunas ausencias se cuelan entre las grietas
hasta que las llenan.

Hoy ya no quedan más que recuerdos
a los que por fin puedo llamar recuerdos,
Hoy el tiempo ya no me pesa,
y tu ausencia, aunque me asusta, me parece correcta.

He aprendido a vivir con lo que se fue,
y aunque aún siento el peso del vacío,
ya no lo temo.

Hoy la quietud me abraza,
y tus sombras ya no me persiguen.
Y aunque tu ausencia
se ha convertido en un susurro,
hoy la llevo como parte de mí.

Ya no busco respuestas donde no hay preguntas,
ni me pierdo en los ecos de todos esos quizás.
He aprendido a dejar ir lo que no se puede cambiar,
y a soltar lo que nunca fue mío.
Ya no busco en el pasado las piezas que faltan,
ni en los recuerdos el mapa para volver.

Porque hoy sé que lo que fui se desvaneció con el tiempo,
y lo que soy ahora es algo que ni yo logro comprender.

Porque el presente ya no guarda las huellas
de lo que una vez fuimos,
y el futuro se ha olvidado de cuál era el camino.
Ya no hay rastros de lo que soñamos,
ni promesas que aún resuenen en el aire.

Lo que fuimos se ha disuelto,
y si alguna vez decides regresar,
te encontrarás con un espacio lleno de silencio,
un vacío que ya no pide nada,
un futuro que, tal vez, ya no te necesita.

Si alguna vez decides regresar,
no encontrarás las huellas que dejaste,
ni el eco de lo que fue.
Porque lo que seremos,
si es que alguna vez somos algo,
será algo distinto.

¿CÓMO SE ESCAPA DE UN BUCLE TEMPORAL?

No tengo respuestas claras para esta pregunta.
No sé si ya escapé,
o si esto es solo otro intento
de perpetuarlo,
de quedarme atrapada en lo que no termina.

Hoy me pregunto,
si es que hay escape,
o si simplemente estamos destinados
a aprender a vivir con el bucle
hasta que el tiempo se canse
y nos deje ir.

Creí que el escape era ir hacia adelante,
pero en mi intento de huir,
me encontré retrocediendo,
reviviendo el mismo instante una y otra vez.

Intenté regresar,
pero las puertas estaban cerradas,
y el camino hacia atrás solo me devolvía
a los mismos lugares,
a las mismas sombras.

Pensé que reviviéndolo podría encontrar lo perdido,
pero todo lo que descubrí fue más de lo mismo,
más repeticiones, más preguntas sin respuesta,
más de ese eco que me perseguía.

Quizá la salida no existe,
o tal vez está oculta
en las pequeñas grietas del tiempo,
en los momentos que se repiten
pero se sienten diferentes.

Quizá la única manera de escapar
es dejar de buscar la respuesta,
dejar de esperar que todo tenga sentido,
y aceptar que tal vez el escape
es la aceptación misma
de que quedamos atrapados.

Quizá, se escapa cuando dejas de correr
tras lo que ya se fue.
Cuando dejas de buscar el principio
en cada final,
y dejas de esperar el giro
que te lleve de vuelta.

Quizá, el escape está en revivirlo
hasta que ya no duela,
hasta que las sombras se conviertan en luces tenues
y el eco se haga más suave.

Quizá, el escape no se trata de huir,
sino de aprender a estar en el lugar
donde no hay caminos,
donde todo se detiene,
donde el tiempo se diluye.

Quizá, el escape es más sutil
de lo que imaginé,
quizá es solo aprender a mirar
sin el deseo de cambiar lo que ves,
abrazar las grietas y los espacios vacíos.

Quizá, el escape es dejar de luchar,
dejar de buscar lo que ya no está,
y rendirse a la quietud del momento.

Quizá, el escape es simplemente aceptar
que lo que buscamos nunca estuvo ahí,
que nuestras prisas por huir
son solo ecos de un deseo de control
sobre algo que nunca se pudo cambiar.

Quizá el escape no es más que un espejismo.

Quizá no haya escape,
y todo esto no son más que mentiras
que nos contamos para seguir adelante,
un mecanismo para sobrevivir,

para convencernos de que estamos en control
cuando, en realidad, estamos flotando
en un mar de incertidumbre.

Quizá sigo atrapada en el ciclo,
en esa idea de huir, de escapar,
como si pudiera cerrar la puerta
y dejar todo atrás.

Quizá lo dejo volver cuando se vuelva a presentar.
Quizá le cierro la puerta en las narices.

Quizá la respuesta no llega porque nunca debió llegar.
Quizá la pregunta misma es solo otra forma de seguir dando
    vueltas.
Quizá no quiero irme.
Quizá él nunca vuelva.

Quizá, la verdadera pregunta es si alguna vez
quise realmente escapar.

ÍNDICE